Lb 46/241

DE LA CHAMBRE
DES PAIRS
AUX ÉLECTEURS RÉUNIS
EN CHAMP DE MAI.

A PARIS,

Au Bureau de l'*Aristarque Français*, rue des Fossés-Montmartre, N°. 6 ;

Et chez tous les Marchands de Nouveautés.

De l'Imprimerie de Nouzou, rue de Cléry, n° 9.

1815.

Le Journal dans lequel ces Lettres ont successivement paru ne compte pas vingt jours d'existence, il compte déjà plus de deux mille abonnés.

L'ensemble de ces Lettres offre, en quelque sorte, un traité complet sur une matière d'un haut intérêt national et jusqu'ici peu approfondie.

Cet intérêt s'accroît par la circonstance de la réunion en Champ de Mai de MM. les Électeurs auxquels s'adresse spécialement la cinquième Lettre.

OBSERVATIONS
CRITIQUES
SUR LES ARTICLES ADDITIONNELS
AUX CONSTITUTIONS, etc. etc.,

Particulièrement sur l'organisation de la Chambre des Pairs;

LETTRES DE LUCIUS VERUS
A L'ARISTARQUE FRANÇAIS,

Insérées dans les Numéros des Mardi 2, Mercredi 3, Dimanche 7, Jeudi 11, et Vendredi 12 Mai 1815.

Au Rédacteur.

JE vois, Monsieur, que, parmi les articles additionnels à nos constitutions, que le Gouvernement vient de répandre et de soumettre à l'opinion publique, un objet, entre les autres, excite l'attention de tous, l'étonnement de la plupart, et la censure d'un grand nombre : je veux parler des articles qui constituent le pouvoir aristocratique, la Chambre des pairs ; je ne suis point surpris de l'effet que produit leur rédaction. Bonne en soi sans être parfaite, elle a surtout l'inconvénient de n'être accompagnée d'aucun développement, précédée d'aucune discussion instructive qui rappelle les vrais principes dans cette matière, ou plutôt qui les révèle, car ils sont beaucoup plus étrangers et ignorés parmi nous, qu'oubliés et méconnus (1).

Le pouvoir aristocratique, éminemment destiné à conserver et affermir les états, puisqu'il arrête également et l'ambition du prince et l'effervescence du peuple, est sans doute de la plus haute importance ; mais cette importance semble n'avoir jamais été sentie en France ; jamais du moins l'institution n'a été réellement tentée, presque jamais elle n'a été discutée avec quelque suite et quelque bonne foi : les préjugés révolutionnaires et démagogiques qui redoutaient la gravité naturelle de l'aristocratie, l'autorité despotique qui en craignait l'indépendance, ont mis successivement cette question en interdit.

Il est d'autant plus à propos de la traiter

aujourd'hui et d'y jeter quelque lumière, que des préventions également animées, dans deux sens différens, semblent conspirer à y attacher de la défaveur. D'un autre côté, les hommes de bonne foi et impartiaux (et c'est heureusement toujours le plus grand nombre), disposés dans les circonstances présentes à l'attention et à la réflexion, accueilleront avec bienveillance les plus faibles tributs sur cette importante question ; c'est ce qui m'engage, Monsieur, à vous demander place dans votre journal pour quelques lettres qui seront des fragmens fournis par ma mémoire, d'un ouvrage sur cette matière, que l'insuffisance de mes talens, d'une part, de l'autre, des distractions continuelles avaient laissé dans un grand état d'imperfection, mais dont la circonstance pourra rendre quelques passages intéressans : je réclame votre indulgence et celle du public pour une siprompte rédaction.

Il est nécessaire de prendre la question d'un peu haut. Je me hâterai d'arriver à son état actuel, et j'ai déjà dit pourquoi elle me semblait avoir besoin d'être discutée et éclaircie avec quelque étendue.

Les anciens états-généraux de France étaient

sans contredit une constitution, une représentation nationale. Mais pourquoi, après avoir fait le bien en plusieurs grandes circonstances, voyons-nous, dans les derniers siècles de notre histoire, leurs assemblées constamment inutiles ou funestes, malgré le désir et l'attente des peuples, et souvent malgré toute la bonne volonté des rois ?

Quelle cause secrète a fait l'heureux sort de cette institution pendant un long temps, et son peu de succès à des époques postérieures ? Tâchons de nous en rendre raison.

En politique, comme dans tout le reste, les choses se font d'abord et s'expliquent ensuite.

Les institutions naissent du besoin, sont promues par une sorte d'instinct moral ; on les examine d'autant moins qu'elles ont une marche plus libre et des effets plus prospères.

Ce n'est qu'après coup, et sur l'avertissement des premières difficultés, qu'on commence à se rendre compte des opérations, pour ainsi dire machinales, qui avaient produit les plus grands résultats.

Ainsi nous connaîtrons mieux, ou du moins nous définirons plus exactement aujourd'hui l'ancienne constitution française, qu'on ne l'a fait lorsqu'elle était en vigueur et en prospérité, et que ses causes étaient pour ainsi dire cachées sous ses effets.

Nous ne dirons point qu'elle fut l'enfant du hasard et de l'ignorance, nous ne blasphémerons point ainsi la sagesse des siècles : nous ne calomnierons pas la raison publique de nos ancêtres.

Au contraire, il nous semble qu'une idée très-ingénieuse, une combinaison alors très-juste et très-lumineuse a présidé à la formation de cette constitution, soit qu'elle ait été en effet le fruit d'une méditation spéciale, ou que cette pensée se soit introduite comme d'elle-même, et à l'insu de ceux qui la mettaient en œuvre, au milieu des besoins qui de toutes parts se faisaient sentir.

Sans fouiller oiseusement dans le détail de ces origines, il est sûr, il est constant qu'il y a dans toute nation trois grandes occupations ou fonctions, dont l'importance est à peu près pareille, et qui peuvent mettre avec justice un poids égal dans la balance des pouvoirs politiques : ces trois fonctions sont *enseigner, combattre, travailler.*

Quand le clergé concentrait en lui seul la connaissance des bonnes lettres et le sacerdoce de l'enseignement ; quand la possibilité de lire et d'écrire était le fruit d'un long travail, payé par une grande considération et de grands priviléges, alors ce premier ordre était, et très-justement, une véritable et éminente magistrature politique (2).

Quand les nobles, rendus forts et presque gigantesques par l'habitude des exercices violens, étaient exclusivement armés et bardés de fer, ils mettaient par là même entr'eux et le bourgeois, nu et désarmé, une différence si réelle et si forte, qu'elle motivait très-justement la prééminence de la noblesse, seule alors en état de protéger comme d'opprimer le peuple.

Lorsqu'enfin ce peuple, sous le nom de tiers-état, exclusivement industrieux, était borné à des arts grossiers et à des spéculations très-circonscrites, ses droits le furent aussi.

Tant et aussi long-temps que cet état de choses subsista, il fut assez juste, assez exact que ces trois états fournissent des élémens égaux de représentation nationale.

Mais quand, par trait de temps, les lots vinrent à se brouiller, quand l'invention de l'imprimerie étendit partout l'instruction et les lumières, qu'il fut facile de devenir clerc et lettré, que le corps du clergé n'eut plus le dépôt, et pour ainsi dire le monopole de la science ;

Quand la noblesse, par l'invention de la poudre à canon, vit anéantir pour elle les avantages d'une éducation gymnastique et chevaleresque ; quand le *vilain*, à pied et chétif, l'ouvrier amolli par l'habitude des travaux sédentaires, se trouva, tout à coup, sans efforts, un mousquet à la main, le rival redoutable du cavalier couvert d'acier ; quand la guerre devint un art auquel tant d'autres arts furent nécessaires (3) ;

Lorsqu'enfin la perfection de la navigation, la découverte de la boussole et du nouveau monde changèrent la face de la société comme celle du globe ; quand le crédit public fut créé et s'étaya de l'invention des lettres de change qui, en mobilisant les plus grandes richesses, parviennent à les soustraire à la tyrannie, par là opposent un obstacle invincible aux excès d'un pouvoir aveugle et absolu, et délient par le fait l'homme de la glebe ;

Lors, dis-je, que toutes ces causes ouvrirent un champ sans borne aux spéculations du commerce ; quand le tiers-état entrant en partage de la force et de la science, vit en même temps s'accroître et s'étendre, sans mesure, les branches de son domaine primitif, l'industrie et tous les arts (4) ;

Alors, tout dut changer et tout changea ; les mêmes institutions ne pouvaient plus avoir le même succès, les mêmes moyens ne pouvaient plus obtenir le même résultat (5).

On s'étonna d'avoir encore des états-généraux et de n'avoir plus de représentation nationale : elle ressemblait à ces momies qui ont encore leur forme et leur couleur ; mais qui, si on y touche, tombent en poussière.

Toutes les tentatives furent inutiles, tous les efforts infructueux, toutes les attentes vaines.

Enfin, l'impossibilité de rien produire avec les anciens élémens, l'altération de leur importance respective frappèrent si fortement, en 1788, la minorité des notables et la majorité de la nation, que la double représentation du tiers fut décidée avec l'applaudissement général.

Cependant c'était l'aveu implicite de la surannation et de l'impuissance de l'institution sociale toute entière ; car, ou le doublement du tiers-état était illusoire, ou il devait amener, comme il l'amena en effet, la délibération par tête, et celle-ci l'anéantissement des ordres, c'est-à-dire de tout ce qui existait d'aristocratie dans l'ancien gouvernement français : par ce fait, la royauté fut mise en contact direct avec la démocratie, position toujours désastreuse dont nous avons essuyé tous les résultats, épuisé toutes les chances.

Certes, il est inutile d'insister sur l'absurdité des prétentions qui voudraient relever ces ruines de l'ancienne constitution française et européenne, rassembler ces débris privés de vie, faire un corps de ces membres dispersés et mutilés, et leur dire : *marche*.

Tous les hommes de bon sens et de bonne foi sont, depuis long-temps, convenus que cette ancienne organisation, ouvrage de circonstances qui semblaient devoir être durables, ne pouvait pas survivre à des événemens inattendus, à des découvertes nouvelles qui ont tout déplacé, tout bouleversé ; que cette organisation ne peut plus revivre dans une situation et des conjonctures si différentes de celles au milieu desquelles elle a jadis fleuri.

C'est donc dans la nature des choses, qui

est éternelle, et non dans les circonstances, quelles qu'elles soient, toujours plus ou moins fugitives, qu'il faut chercher les élémens de toute institution civile et politique.

C'est ainsi que l'on a commencé à les envisager depuis un siècle.

Considérons donc les nations sous un point de vue qui soit, s'il est possible, juste dans tous les temps, indépendant de toutes les révolutions, durable comme la société elle-même.

L'aristocratie des anciens était fondée sur l'esclavage domestique et sur ce droit affreux de propriété de l'homme sur l'homme, que la religion chretienne a aboli dans son principe.

L'aristocratie du moyen âge était fondée sur la différence de force et de lumière, barrières difficiles à franchir ; il faut lui chercher un autre fondement. Nous l'indiquerons dans une seconde lettre.

Lucius Verus.

---

(1) Ce serait une raison pour que le Gouvernement ne bornât pas à dix jours le temps d'une discussion si grave ; qu'il prît assez de champ pour pouvoir amender, corri-

ger, expliquer, ajouter, sans quoi la nouvelle constitution (car c'est ainsi qu'il faut caractériser les articles additionnels) sera consentie sans être proprement acceptée, adoptée, sans être goûtée ; le peuple la *prendra* sans la *comprendre*, *invitus invitam*. En nous *octroyant* sa constitution, le roi nous obligeait à nous y soumettre. Ici l'empereur nous empêche de pouvoir la refuser ; il y a, dans ce qu'on éprouve, trop peu de différence avec ce dont on s'est plaint : il faudrait en mettre autant dans le mode qu'il y en a dans l'intention. Tout le monde y gagnerait, et surtout l'autorité qui, dans cette circonstance, a un intérêt très-direct à être jugée en connaissance de cause et avec des lumières réelles.

(2) Un art est estimé en raison de la difficulté d'y exceller. A la Chine, la connaissance seule de l'alphabeth donne une grande considération, à cause de l'innombrable quantité de signes qu'il faut étudier et retenir.

Il a existé des lois, et elles subsistent encore de nom dans quelques cantons de l'Angleterre, en vertu desquelles, si un homme condamné à mort demande à prouver qu'il sait lire et écrire, son supplice est suspendu. On élude aujourd'hui ces lois, mais leur existence porte témoignage ; c'est ce qu'on appelait le bénéfice de clergie.

(3) On voit dans Salluste que les anciens ont souvent agité cette question, savoir si, dans l'art de la guerre, la force de l'esprit est préférable à celle du corps ; depuis l'invention de la poudre à canon, cette question n'est plus douteuse.

(4) Cette extension à tout le peuple de ce qui fait la

force et réelle et morale, fonde naturellement les gouvernemens modernes sur l'opinion publique, et rejette la prépondérance exclusive d'un ordre de clercs ou d'un ordre de guerriers : cette considération mérite d'être attentivement pesée.

(5) *Fortuna simul cum moribus immutatur.*

Salluste.

DEUXIÈME LETTRE

De Lucius Verus *à l'Aristarque Français.*

S'il y a une condition essentielle, fondamentale, inhérente à l'existence de toute grande réunion d'hommes, c'est l'inégalité des fortunes, âme du travail, mobile, esprit de vie de la société même.

Cette inégalité, nécessaire partout et toujours existante, produit naturellement la séparation de la société en deux grandes classes; l'une infiniment plus nombreuse; l'autre, non moins importante, par d'autres considérations.

La classe nombreuse est composée d'hommes qui travaillent plus ou moins fructueusement, afin d'être mieux dans la société où ils sont protégés, mais dans une sorte de gêne et entourés de plus ou moins de privations.

La classe la moins nombreuse est formée des hommes qui, dans cette société, sont comblés de biens, vivent au large, et ne désirent que de se maintenir, surtout dans la position relative où ils sont placés par rapport à l'autre classe.

Il y a donc deux voix, deux volontés dans la société; l'une qui pousse continuellement à l'amélioration, c'est-à-dire au changement; l'autre qui n'a d'autre but que le maintien de l'ordre établi et des avantages que cette stabilité lui assure.

Si cette intention naturelle et continuelle de perfectionnement et d'innovation qui agite la classe nombreuse du peuple, n'avait ni frein ni arrêt, un prompt et universel bouleversement en serait la suite inévitable ; une rotation perpétuelle briserait bientôt tous les ressorts de la société.

Nous faisons, depuis vingt-cinq ans, l'expérience de cette maladie du corps politique.

D'un autre côté, si l'intention de stabilité et de maintien dominait exclusivement et sans contradiction, un engourdissement funeste et des abus sans nombre peseraient sur la société.

C'est ce dont elle a fait l'expérience en France, et l'état où elle était avant 1789 ; si elle était restée moins long-temps stationnaire dans ses lois, quand elle avançait dans ses lumières, une crise et une explosion n'auraient pas été nécessaires ; tout se serait fait insensiblement et les lois auraient suivi les mœurs sans secousse et sans révolution (1).

Il faut donc que ces deux voix, ces **deux**

volontés aient des soupiraux, des organes réguliers, qu'elles se combattent sans se choquer, qu'elles se balancent, se discutent par leurs représentans respectifs ; il faut enfin qu'un tiers mette dans la balance le poids qui doit la faire pencher alternativement de l'un ou de l'autre côté.

Ainsi la loi se composera de la solution de ces trois questions :

Telle idée, telle proposition est-elle *utile* ?

Première question à laquelle répond, par les organes chargés de ses pouvoirs, de ses paroles, communs avec elle en intérêts, cette nombreuse partie de la société qui désire toujours être mieux, qui saisit avec ardeur toute apparence d'utilité publique, d'amélioration et de perfectionnement ; qui change souvent d'organes et de chargés de pouvoirs afin qu'ils soient mieux au fait et au courant de ses vœux et de ses besoins.

Cette même idée, cette même proposition qui vient de sembler *utile*, est-elle *juste* ? N'est-elle lésive d'aucun intérêt public ou privé, dont le froissement puisse balancer les avantages de la mesure qui le produira ?

Seconde question à laquelle est appelée à répondre, par ses représentans naturels et permanens, cette portion de la société dont tout changement quelconque semble menacer de près ou de loin les droits, les intérêts, les jouissances.

Cette seconde question résolue affirmativement, il en reste une troisième non moins importante que les deux autres ?

C'est de savoir si cette même chose qui a paru utile à ceux qui travaillent, *juste* à ceux qui jouissent, semble encore *prticaable* à ceux qui administrent, qui surveillent et procurent l'exécution des lois.

Sur cette question doit être essentiellement et nécessairement consulté le pouvoir qui a la triture et l'habitude de l'administration, et pour qui l'expérience a fermé le cercle des illusions.

Ainsi le prince, ainsi le pouvoir exécutif doit être à même d'arrêter à sa naissance, d'étouffer dans son germe toute innovation politique qui, *utile* dans son but spéculatif, juste dans ses principes et dans ses moyens, serait pourtant *impraticable* dans son exécution, ou menacerait d'être funeste dans ses effets.

Donc le pouvoir démocratique composé des représentans de la masse du peuple (j'entends toujours des citoyens et non des prolétaires);

Le pouvoir aristocratique formé d'une réunion d'organes naturels de l'élite de la nation;

Et le pouvoir monarchique éminemment représenté par celui qui, placé au sommet et au centre des affaires, rassemble les rayons de toutes les lumières, le fil de toutes les expériences ;

Ces trois pouvoirs, dis-je, forment la réunion la plus plausible de volontés et de vues dont il semble raisonnable que la loi se compose.

Mais, me dira-t-on, ce gouvernement que vous nous proposez pour modèle, que vous avez semblé annoncer comme un système nouveau, c'est toujours une Chambre de représentans, un Sénat, un Monarque constitutionnel ; c'est toujours le gouvernement anglais auquel vous en revenez.

Sans doute, les Anglais l'ont adopté, et il fait leur prospérité ; mais nous venons de voir que la nature même le leur enseigne. Il existait avant leur grande charte ; il existait avant nos états-généraux ; il existait avant la république romaine ; il est dans l'essence de toutes les sociétés, et c'est pour cela qu'il est bon à présent, qu'il le fut autrefois, et qu'il le sera toujours.

Aristote l'indiquait aux cités de la Grèce; Solon et surtout Lycurgue en avaient établi une image.

Cicéron le proclamait textuellement dans Rome encore libre et républicaine. (2).

Tacite l'admirait, en soupirant, dans Rome opprimée par les derniers Césars (3).

Machiavel recueille leurs suffrages et y ajoute le sien.

Après avoir examiné tous les gouvernemens dominés exclusivement par l'aristocratie, la démocratie ou un monarque, il ajoute :

« Aussi les législateurs prudens ayant connu
» les vices de chacun de ces modes pris à
» part, en ont choisi un qui participât de tous
» les autres, et l'ont jugé plus solide et plus
» stable. En effet, quand dans la même
» constitution vous réunissez un prince, des
» grands, et la puissance du peuple, cha-
» cun de ces trois pouvoirs s'observe réci-
» proquement (4), etc., etc. »

De ces vérités, dans l'expression desquelles se sont rencontrés des hommes si différens de lieux, de temps et de génie, l'Angleterre offre, en complément, une épreuve plus que séculaire.

Proscrirons-nous la raison, parce que d'autres que nous en ont fait usage avant nous, ou parce que d'autres ont négligé de la consulter ?

La raison nous montre notre ancienne aristocratie comme radicalement détruite par la dissolution nécessaire des deux premiers ordres ; sur cette table rase, où porterons-nous la ligne de démarcation que traçait le gouvernement féodal, et que le temps a effacée ?

Cette aristocratie attribuée à la force et à la science alors exclusives de deux ordres de l'état, et devenues communes à tous ses membres, à qui l'attribuerons-nous aujourd'hui ?

Les observations que nous venons de faire nous l'indiquent. Consultons toujours la nature des choses et les idées simples.

Le grand nombre de familles qui, sorties d'une condition servile, mercenaire ou abjecte, mais dominées encore par les besoins ou de la nature ou de la société, travaillent pour arriver à l'opulence et au loisir, c'est le véritable peuple ; ce sont les citoyens ; c'est la partie démocratique de l'état, représentée par les députés qu'elle choisit temporairement et fréquemment, selon la vicissitude de ses besoins et de ses vœux.

Les familles qui, arrivées à la fortune, au repos, n'ont à travailler que pour l'état, sa gloire ou son illustration en tout genre, c'est la partie aristocratique de la nation, représentée par un sénat homogène avec elle, et qu'elle-même ne choisirait pas plus conforme à ses intérêts permanens, à ses vœux nécessaires.

Ces principes reconnus, quelle autorité les appliquera ? quelle main opérera la ségrégation ?

Le monarque, sans doute, en vertu de l'autorité censoriale, une des branches essentielles du pouvoir monarchique.

A Rome, après l'expulsion des rois, lesquels avaient formé et complété le sénat à différentes reprises, le pouvoir royal passa tout entier aux deux consuls : telle fut l'expression même de la volonté du peuple, *regio imperio duo sunto*.

Par la suite, et par la même jalousie de liberté qui fit créer les tribuns, l'autorité censoriale fut distraite du pouvoir consulaire, et conférée à des magistrats de la plus haute dignité, qui eurent constamment la nomination et la police du sénat, hors les cas très-rares où le dictateur, investi de la plénitude du pouvoir dans toutes les parties, les suppléa dans celle-ci. Exceptions qui confirment évidemment la règle.

Un des premiers soins des empereurs fut de rappeler à eux l'autorité censoriale ; elle fut regardée comme un des élémens nécessaires de leur dignité. L'empereur Décius voulant conférer à Valérien (qui fut depuis empereur) l'exercice de la censure, celui-ci lui remontra que ces fonctions étaient précisément au nombre de celles qui donnaient le titre d'Auguste, et que la censure résidait essentiellement chez l'empereur (5).

Tout le monde sait qu'en Angleterre la nomination des pairs appartient à la couronne.

La raison veut en effet que deux pouvoirs distincts dans leurs attributions ne soient pas homogènes dans leur origine Enfin la nomination des pairs par le prince a acquis, parmi les publicistes, la consistance d'un dogme politique ; toutefois nous proposerons quelques modifications des principes que nous motiverons sur la spécialité des circonstances, idées que nous donnerons d'ailleurs, non pour bonnes, mais pour nôtres, comme dit Montagne, et sur lesquelles nous appellerons et la discussion de l'opinion publique, et l'examen du pouvoir dont nous croyons l'intérêt véritable conforme à nos propositions.

---

(1) Les habitans des environs du Vésuve vaquent avec sécurité à leurs travaux tant que le volcan pousse de continuels et légers tourbillons de fumée : ils entrent en crainte dès qu'il est quelque temps en silence. C'est l'image de la société : une légère et continue agitation qui la fait marcher au perfectionnement de ses institutions est incomparablement préférable à ce calme tyrannique qui enchaîne le mouvement vers le mieux, et que suit ordinairement une grande explosion, une convulsion qui brise tout à coup les institutions au lieu de les amender et de les changer peu à peu.

(2) *Prestantior hæc mihi videtur reipublicæ forma quæ ex tribus generibus illis, regali, optimo et populari modicè confusa est.*

(3) *Cunctas nationes et urbes populus aut primores aut singuli regunt; delecta ex his et constituta reipublicæ forma laudari faciliùs quàm evenire, vel si evenit aut diuturna esse potest.*

On voit que Tacite, découragé par le spectacle de la tyrannie des César, et fidèle à son caractère, croyait difficilement *possible* ce qui était *bien*, à plus forte raison ce qu'il regarde comme le *mieux* : on entend aisément comment un homme de bien peut regarder ce mieux comme idéal et chimérique sous un tyran. Faut-il pour cela désespérer de la nature, de la société et de la destinée humaines ?

(4) Discours sur Tite-Live. — Liv. Ier, chap. 2 ; traduction de M. Guiraudet.

(5) *Hæc sunt propter quæ augustum nomen tenetis, apud vos censura desedit.*
Trebellius Pollion.

TROISIÈME LETTRE

De Lucius Verus *à l'Aristarque Français.*

Avant d'entrer dans le développement des propositions que je crois utile et urgent de soumettre à la discussion de vos lecteurs et du public, et pour ne pas multiplier, quand je les exposerai, les explications incidentelles, il convient de poser et d'établir avec clarté la différence essentielle qui existe et qui a toujours existé entre la noblesse, telle qu'on l'entend généralement dans le monde, et le patriciat tel que l'ont entendu les peuples chez lesquels le pouvoir aristocratique a été ou est encore véritablement constitué.

La noblessse est une chose toute morale, un bien d'opinion; il n'appartient à la force ni de la créer ni de la détruire; on ne la fait pas, elle se fait; le temps est un auxiliaire nécessaire de sa création, l'idéal et le vague sont les domaines où elle exerce son empire; elle vit de souvenirs, s'appuye et s'enfonce dans la nuit des siècles.

Le patriciat est une magistrature, non sans moralité, mais positive; ayant son titre, sa date, ses fonctions, ses prérogatives, ses limites comme ses bases ; on sait au juste ce qu'on lui doit et ce qu'on peut lui refuser, ce qu'on a lieu d'en craindre ou d'en attendre ; son existence réelle et perceptible à tous repousse tout ce qui est chimérique, tout ce qui s'agite dans le vaste champ de l'imagination.

A Rome, ce que nous regardons comme la plus haute noblesse, celle qui remonte à l'origine la plus antique, à la souche la plus illustre, ne supposait pas toujours le patriciat ; Antoine était plébéien, et cependant sa famille passait pour descendre d'Anthon, fils d'Hercule, ce qui, certes, dans nos préjugés, (et je ne prends point ce mot en mauvaise part) semble une assez brillante noblesse d'origine.

Il paraît que, sur ce point, les idées saines, les sages distinctions qui avaient dominé dans l'opinion sous la république, s'altérèrent, se faussèrent sous les empereurs.

Le pouvoir réel passa aux affranchis, aux domestiques du palais (1), aux prétoriens, comme il arrive toujours dans les monarchies mal constituées (tant qu'elles durent) : les magistrats ne conservèrent plus de leurs anciennes fonctions, que le nom et le titre privé de la réalité de la puissance ; les patriciens orgueilleux et désœuvrés se repaissaient de souvenirs et de chimères.

Juvenal les gourmande, avec sa véhémence ordinaire, d'attacher aux images de leurs ancêtres, à leur seule noblesse, une idée si présomptueuse (2).

Il leur rappelle la gloire des plébéiens, souvent égale à la plus grande gloire des patriciens.

« Les Décius, leur dit-il, les Décius étaient
» un nom plébéien, et cependant le dévoue-
» ment de ces âmes plébéiennes suffit pour
» appaiser les dieux infernaux, et ce sang
» plébéien rendu à la terre fut d'un prix assez
» grand pour racheter et nos légions, et nos
» alliés, et tous les peuples du Latium (3). »

A Venise, les nobles de la cité ne disputaient point aux nobles de terre ferme la splendeur et l'antiquité de l'origine ; mais le noble de la cité était patricien, magistrat né, membre du souverain ; le noble de terre ferme ne pouvait jamais être qu'un sujet plus ou moins illustre : que ce fut un mal, un abus, je ne prétends pas le nier, et ce n'est pas là la question.

En Angleterre, le négociant ou le banquier, fait pair de la veille, jouit de la plénitude des pouvoirs et des prérogatives de la pairie, sans songer à rien disputer ni à rien défendre, à trouver rien de commun ni de contestable entre lui et un cadet de *Perci* ou de *Courtenay*; il ne sera jamais noble comme eux; ils ne seront vraisemblablement jamais pairs comme lui.

L'un jouit des souvenirs attachés à son nom, l'autre des avantages attachés à son rang : point de rivalité, point de conflit entr'eux.

Dans toutes ces combinaisons, le mérite personnel seul appartient à l'homme; le noble y joint l'éclat de ses ancêtres; et, s'il n'en a point d'autre, il vit par eux; le patricien y ajoute ce que la société a fait pour lui, et il existe essentiellement par et pour elle. Si une fois toutes ces idées, toutes ces distinctions sont bien arrêtées, beaucoup de confusion, beaucoup de disputes et de difficultés auront cessé : on sent, toutefois, qu'il restera convenable, et qu'il se fera naturellement que ces deux élémens de considération se rapprocheront souvent, se prêteront un mutuel appui; mais que l'ancienne noblesse, gardant tout l'avantage que l'opinion voudra bien lui attribuer, et tant qu'elle le lui attribuera, ne devra pas le regarder comme un titre exclusif aux fonctions patriciennes, aux préférences du législateur (4).

Après avoir défini le patriciat, et séparé des idées abusivement confondues, voyons quelle il importe que soit la constitution de cette magistrature politique? quelle sa forme, quel son mode de création et de recrutement, et quelle, d'abord, doit être sa proportion numérique avec la population de l'État où elle est destinée à jouer un rôle si important?

A Rome, dès le temps des premiers rois, et dans un territoire très-circonscrit, le nombre des sénateurs était de 100; il était de 300 dans les premiers temps de la république, et avant même la prise de Veïes.

En Angleterre, sur une population moindre de moitié que celle de la France, il y a (si je ne me trompe) environ 500 pairs en parlement (5). Tout le monde sait que le roi peut en créer tant qu'il lui plaît. Nous croyons avoir démontré toutes les convenances du mode de nomination; et quant à la faculté d'en nommer un nombre illimité, puisque la chambre des pairs ne peut être dissoute, il faut bien que cette faculté existe.

Le prince, quand il dissout la chambre des communes, en appelle aux électeurs, c'est-à-dire au peuple, pour un nouveau choix; pour avoir une nouvelle majorité, les assemblées électorales sont convoquées de droit.

C'est par une analogie irrécusable qu'il doit pouvoir nommer un nombre illimité de pairs; cette opération est similaire, elle est un appel à l'électeur des pairs qui est le prince lui-même; ainsi la majorité de chacune de ces deux autorités se recompose également à sa source, et conserve le caractère qu'il a paru utile au législateur primitif de lui donner; ainsi la société continue d'aller avec les mêmes élémens de constitution et d'organisation (6).

Si le nombre des pairs, en Angleterre, paraît bien considérable, nous remarquerons que quand une semblable institution est en vigueur et en jeu depuis long-temps, il doit, par le cours ordinaire de la nature et des affaires, se trouver qu'un grand nombre de pairs est habituellement absent des séances; les uns, parce qu'ils sont en état de pupilarité ou de minorité; les autres, parce qu'ils sont en état de maladie ou de caducité; beaucoup d'autres sont encore absents; soit parce qu'ils représentent, au dehors, leur nation dans les emplois diplomatiques, qu'ils s'instruisent par des voyages, qu'ils gouvernent des provinces où leur présence est nécessaire; soit enfin parce qu'ils remplissent des fonctions militaires qui ne leur permettent pas de s'absenter.

La plupart de ces exceptions n'existent pas à l'origine d'une pareille institution; les hommes nommés pour remplir les places de la chambre haute sont tous en âge d'y siéger, et encore pendant plusieurs années. Ainsi cette chambre peut, avec le même avantage et le même résultat, être moins nombreuse à sa création, qu'elle ne pourra et ne devra l'être par la suite (7).

Je prie le lecteur de ne pas perdre de vue ces considérations et ces observations sur lesquelles nous serons dans le cas de revenir. Je passe à la question plus souvent traitée et mieux éclaircie de l'hérédité de la pairie, comme l'une des bases fondamentales de cette institution politique.

La royauté héréditaire est la meilleure et généralement réputée telle. On a relevé assez souvent (on sent aisément tout l'avantage de prévenir) les dangers, les inconvéniens de tout genre d'élection (8).

Mirabeau a dit, ce me semble, quelque part : Que l'ambition naturelle au cœur humain précipiterait sans cesse les hommes forts, et entraînerait avec eux les peuples dans un abîme, que le législateur avait voulu combler; qu'il y avait, en conséquence, *jeté une famille*, et que, pour prix de ce dévouement, on l'avait chargée de biens et d'honneurs.

Il est encore d'autres avantages qu'on ne doit pas regarder comme frivoles, car les mœurs sont la plus forte garantie des lois (9).

Cette forme de gouvernement ouvre le cœur des citoyens à des affections douces; elle est, pour ainsi parler, pleine d'entrailles, et la seule qui intéresse un grand peuple à la destinée d'une femme, à la vie d'un enfant.

D'un autre côté, l'hérédité salique est en ce genre la plus parfaite (10).

Or, puisque la chambre des pairs doit être aussi bien le soutien que la barrière du trône, toutes les convenances veulent qu'il y ait le plus d'homogénéité possible dans les lois qui régissent les familles destinées à être l'appui du trône et la famille qui l'occupe, et qui se repose sur cet appui. Il ne faut point isoler l'institution royale; il est donc avantageux et dicté par la nature même des choses, que la transmission de la pairie soit réglée par les mêmes lois qui règlent celle du pouvoir monarchique. Tout doit se tenir dans la législation ; il doit y avoir rapport et alliance entre toutes les parties de l'institution sociale.

Dans tout état libéralement constitué, toute pleine propriété est transmissible et héréditaire (11). C'est un premier rapport entre la propriété du trône et toutes les autres propriétés ; si la propriété de la pairie est héréditaire selon le mode salique (du moins en partie) (12) ; c'est un rapport de plus entre la pairie et la couronne, qui les attache d'autant plus l'une à l'autre ; et ce rapport ne peut offrir que des avantages sans inconvéniens.

Le choix du prince illimité et l'extinction fréquente des lignées directes, laissant une latitude suffisante à l'ambition des autres familles de l'empire qui peuvent prétendre à prendre rang parmi les pairs, je proposerai, dans une lettre suivante, quelques vues pour opérer un rapprochement plus sensible et agréable aux pairs et au peuple.

Aucun des projets, aucune des modifications que je me propose de soumettre au jugement du public, n'est incompatible avec la prompte acceptation que désirent plusieurs bons esprits, que d'autres esprits, non moins sages, désiraient moins prompte. Mes propositions peuvent être adoptées après comme avant l'acceptation des articles additionnels ; elles ne contrarient rien de ce qu'ils auront statué quand ils seront devenus loi ; seulement il me paraît qu'elles les servent et les rendent plus avantageux dans leur exécution.

Telles sont les bases principales qu'une discussion franche doit nous confirmer dans la nécessité d'adopter, pour fonder le pouvoir aristocratique, si important dans une constitution libre et monarchique. Plus la discussion aura été vive, pleine et entière, plus elle aura pénétré les esprits, plus cet édifice moral sera fondé sur des bases solides, plus nous aurons de garantie de sa durée. Ne nous laissons pas effrayer par la gravité des circonstances au milieu desquelles nous délibérons.

Il est grand, il est beau de discuter des lois, de fonder des institutions au moment où chacun est appelé à courir aux armes pour la défense de la patrie et de la liberté ; ces efforts simultanés du courage moral et du courage physique appartiennent au peuple français (13); ils seront récompensés par le succès de ces institutions dont le berceau est entouré du bruit des armes et du frémissement des peuples follement irrités (14).

Ainsi Romulus et ses compagnons combattaient d'une main, et de l'autre posaient les fondemens de la ville éternelle.

---

(1) Tacite les appelle *instrumenta regni.*

(2) *Nobilitas sola atque unica virtus.* Juv.

(3) *Plebeiæ Deciorum animæ, plebeia fuerunt Nomina, pro totis legionibus attamen et pro Omnibus auxiliis, atque omni plebe latinâ Sufficiunt dis infernis terræque parenti.* Juv.

(4) « Dans les temps ordinaires et calmes, aux épo-
» ques peu fécondes en événemens, quand la société
» présente une surface monotone et uniforme, lors-
» qu'enfin les grands vices et les grandes vertus dorment
» également dans leur germe ;

» Alors la puissance des souvenirs, la magie des noms
» exercent un légitime empire ; car enfin, après les
» grandes actions, il n'y a rien de mieux que la mémoire
» des grandes actions.

» Mais quand les tempêtes politiques ont soufflé, quand
» les crises se sont prolongées, quand tout a été porté à
» l'excès, le bien et le mal, la gloire et la honte, la gé-
» nérosité et la tyrannie, l'audace et la patience, alors
» il est simple que les hauts faits éclipsent les grands
» noms.

» Ceux qui préparent avec une vigueur extraordinaire
» des souvenirs pour l'histoire, prévalent sans injustice
» sur ceux qui portent, avec un mérite ordinaire, le
» souvenir de l'histoire. »

(*Discussion du Tribunat, séance du* 11 *floréal an* 12.)

(5) La rédaction précipitée de ces lettres m'oblige à tout citer de mémoire. Je n'ai aucun livre sous les yeux, ni le temps de les consulter. Je demande grâce pour les inexactitudes ; je crois seulement pouvoir assurer qu'elles ne tirent à aucune conséquence, et ne sont de nature à affaiblir aucun des argumens que je présente.

(6) M. Benjamin de Constant, dans son ouvrage sur la constitution royale, a traité supérieurement ce point, et ne laisse rien à ajouter à ce qu'il en a dit.

(7) Quand le nombre des pairs en Angleterre ne serait que de trois cents, il supposerait plus de six cents pairs en France, vu la population respective des deux états : on ne songe pas à proposer un aussi grand nombre de pairs français.

(8) « Que le dépositaire du pouvoir suprême, le symbole vivant de l'unité, soit l'enfant de la nature et de la loi ; qu'il ne puisse être l'ouvrage d'aucune faction, d'aucune passion, d'aucune faiblesse, ni du cri des prétoriens, ni de la brigue des affranchis : plus le but serait grand, plus les efforts pour l'atteindre mettraient sans cesse la patrie au péril.

» A ces conditions sont attachés le repos des peuples, la gloire des états, la stabilité des gouvernemens.... l'hérédité éteint les ambitions et ménage l'orgueil, car nul ne peut accuser de son exclusion que le ciel même. »

(*Séance du Tribunal, même discussion.*)

(9) *Quid leges sine moribus, vanæ proficiunt ?*

(10) Elle a surtout l'avantage inappréciable d'être

essentiellement nationale, et d'écarter l'étranger. En Espagne, en Angleterre, l'absence d'une telle loi a souvent amené des dominateurs exotiques dont ces contrées ne se sont pas toujours bien trouvées. En Portugal, les cortès de Lamégo avaient établi la nécessité que la fille héritière du royaume épousât un Portugais : cette loi vivante dans les cœurs ramena, après soixante ans, la maison de Bragance sur le trône, dont la maison d'Autriche l'avait écartée par la force, et sous l'apparence de droit qu'elle avait épousé l'héritière du royaume de Portugal.

(11) Dans les états despotiques, toute propriété est censée appartenir au prince. Encore aujourd'hui, par une fiction surannée de la loi, le roi d'Angleterre est censé le propriétaire de tout le sol du royaume. Cette tradition, prise au pied de la lettre, a été une des visions dont les malheureux Stuart ont été infatués, et dont ils sont devenus les victimes. — L'Assemblée constituante, pour prévenir toute erreur, changea le titre de roi de France en celui de roi des Français : elle eut raison de réformer une formule abusive qui aurait pu propager l'erreur et de dangereuses prétentions.

La royauté féodale procédait par la prise de possession du territoire, et les hommes qui le cultivaient étaient une conséquence de la glèbe. Le roi des Français, tel que le voulut l'Assemblée constituante, est le chef des Français par leur volonté : son domaine est moral, et aucune servitude ne peut légalement découler d'un tel système.

(12) Je fais ici allusion à l'interdiction des lignes colla-

térales dans le projet de pairie qu'on propose, tandis qu'elles sont appelées à l'infini pour la succession de la royauté salique.

(13) *Facere et pati fortia Romanum est.*

Tite-Live.

(14) *Quare fremuerunt gentes et populi meditati sunt inania.*

QUATRIÈME LETTRE

De Lucius Verus *à l'Aristarque français.*

Jean-Jacques Rousseau a dit quelque part, dans un sens d'amertume et de dénigrement, *que les lois civiles semblaient faites pour maintenir le riche dans sa richesse, et le pauvre dans sa pauvreté.* Ce trait seul suffirait pour prouver combien ce beau génie était peu propre aux observations politiques.

Ce n'est pas sous ce point de vue qu'un Montesquieu, un Bodin auraient envisagé cet effet des lois civiles; ils auraient montré que rien n'était plus funeste à la société qu'une brusque transition pour les citoyens, de la misère à l'opulence, ou de l'opulence à la misère, puisqu'alors ni les uns, ni les autres n'avaient l'esprit et les mœurs de leur état; que les lois devaient pourvoir à ce que ces changemens, impossibles à éviter, arrivassent lentement et par degré; que si le pauvre et le faible sont comme des arbustes débiles que les lois doivent soutenir et étayer, le riche et le puissant sont comme des arbres vigoureux et chargés de fruit qu'elles doivent remparer d'une triple haye.

De même, après une grande révolution que le temps a consacrée, les lois politiques doivent maintenir le parti victorieux dans son triomphe et le parti vaincu dans sa défaite, non pour assurer l'abjection de l'un et protéger l'insolence de l'autre, mais pour prévenir ce qui, dans de semblables circonstances, cause toujours les troubles de la société ; savoir : les craintes des vainqueurs et les espérances des vaincus. C'est par humanité qu'il faut arracher à ceux-ci toute idée de retour à la domination ; réchauffer ces espérances, c'est corrompre, dans ceux qui peuvent les concevoir, l'espèce de bonheur qui reste à leur position : le travail dans le repos et la jouissance des droits et des biens qu'on ne leur conteste pas ; c'est étouffer, dans les autres, les vertus où leur situation les engage : la générosité dans le triomphe, la libéralité et la bienveillance dans le pouvoir ; c'est empêcher, c'est retarder la fusion des partis qui s'opérera, d'une manière bien plus sûre, par l'adhésion douce, graduelle et par l'intérêt des vaincus, que par leur aigreur et leur réaction continuelle que l'espérance de ressaisir la domination entretient et encourage.

Il faudrait une puissance surhumaine qui descendît du ciel sur la scène politique, comme Hercule et Jupiter descendent sur la scène tragique, pour établir, par une parfaite égalité de traitement, la désistance absolue de toutes les prétentions comprimées par une récente défaite.

Sylla, malgré les cruautés et les violences qui ont terni son nom, procura à Rome une paix profonde après son abdication et même après sa mort, pour avoir été, au milieu de ses excès, fidèle à cette maxime qu'il professait, de faire du bien à ses amis et du mal à ses ennemis.

Les princes sages, portés au pouvoir par un parti, n'ont point songé à régner sans lui, à le compromettre ; ne se sont point fait une étude de le sacrifier, de le dédaigner, de caresser les prétentions contraires ; ils se sont toujours bien trouvés de le favoriser avec persévérance, sous le rapport des dignités et du pouvoir.

La maison de Hanovre règne en Angleterre par un parti, celui de la grâce du peuple, contre celui de la grâce de Dieu. Elle a peu dévié ; pendant de courtes anomalies où elle a favorisé le parti de ses ennemis naturels, elle a failli compromettre son existence : on ne sert ses passions qu'aux dépens de ses intérêts.

Les Capétiens, qui offrent une longue série de princes sages et avisés, n'ont été proprement, depuis Hugues Capet et jusqu'à Louis XII inclusivement, que des chefs de parti, toujours à la tête de la bourgeoisie, contre la puissance féodale et théocratique.

Louis XII aurait évidemment penché vers les idées de la réforme : la fameuse médaille qui porte pour exergue : *Perdam Babilonis nomen*, dévoile sa secrète pensée.

François Ier., qui avait plus d'esprit et de courage que de jugement et de réflexion, se mit imprudemment à la tête d'un parti dont l'opinion amenait la décadence, celui de la chevalerie ; et dans les affaires du clergé, il ne montra qu'incertitude et variation ; son fils et ses petits-fils se conduisirent par des maximes et des impressions étrangères, celles des Guise, et se perdirent.

Henri IV reprit quelque chose des anciens erremens ; toutefois son règne fut celui de l'homme.

Richelieu acheva violemment l'ouvrage des anciennes maximes : son caractère personnel d'ecclésiastique aggrava et envenima beaucoup de choses.

Louis XIV déploya un pouvoir purement aulique, sans aucune trace de système suivi ; l'insupportable *moi* de ce prince, d'ailleurs plein de belles qualités, avait effrayé profondément tous les esprits ; l'imprudente sagesse du vieux Fleuri crut réagir heureusement contre ce souvenir qui l'accablait, en imposant à son pupille, comme principe de conscience, la maxime d'être toujours de l'avis de la majorité de son conseil contre son propre avis, ce qui mit la démocratie dans le cabinet, c'est-à-dire là où elle doit le moins se trouver, et ce qui produisit le règne indéfinissable de Louis XV.

Celui de son successeur se soutint un moment par le sentiment de l'honneur national pendant la guerre d'Amérique : ce ne fut plus ensuite que confusion et décadence.

Nous avons vu ceux qui se portaient ses héritiers retrouver encore parmi nous bien moins de racines que les Stuart n'en avaient retrouvé en Angleterre. Leur ancien système ne pouvait exister, par le déplacement des forces sociales ; ils ont refusé de saisir l'appui que le siècle leur offrait...... Que la terre de l'exil puisse leur être douce et légère, mais qu'ils renoncent à la folle et cruelle idée de faire exterminer un grand peuple, parce qu'ils n'ont su ni le comprendre ni le gouverner ; de faire dévaster une noble et féconde terre, parce qu'elle leur a ouvert son sein, et qu'ils n'ont pas su y germer !

Ces idées, qui ne s'éloignent pas autant qu'elles pourraient le paraître au premier coup d'œil, de celles qui m'ont mis la plume à la main, se sont successivement présentées à mon esprit à la suite des réflexions qui m'ont été inspirées par deux passages du *Journal Général de France*, touchant la fédération bretonne, que les auteurs de ce journal critiquent et déplorent avec talent, avec de bonnes intentions sans doute, mais, ce me semble, avec peu de justice et de justesse.

Cette fédération me paraît si utile, si opportune, si juste, que je voudrais la voir imitée sur tous les points de la France ; sur tous les points de la France, je voudrais voir se réunir et se tenir étroitement tous ceux qui veulent assurer le triomphe des principes et des intérêts de la révolution, puisqu'il n'y a de salut, surtout pour les vaincus, que dans son triomphe absolu et incontesté.

Ce faisceau volontaire de puissances morales individuelles, ces secours mutuels, ce blâme, ces encouragemens, tous ces élémens me paraissent heureux, favorables à la force légitime du gouvernement, à la paix de la patrie.

La Saint-Barthélemi, méditée dans le silence, m'inspire une profonde horreur, surtout précédée par d'hypocrites carresses ; mais des principes, des efforts professés, coalisés sous la bannière de la modération, avec la garantie de la publicité, ne sauraient m'effrayer : quel mal y a-t-il qu'une opposition criminelle ou absurde craigne, de la part de tous, le ridicule ou la compression ? Je me suis assez expliqué pour qui voudra m'entendre. Je reprends le cours de mes observations relatives à l'acte additionnel à nos constitutions.

Le gouvernement royal avait établi une pairie ; elle était nommée par le prince. Le nombre des pairs était illimité. Le principe de l'hérédité était reconnu, mais il n'a point été appliqué. Pourquoi ?

Chacun s'en est aisément rendu raison. Chacun a bien vu que le gouvernement, quoiqu'il eût écarté un grand nombre d'hommes désignés à la pairie par une longue confiance de la nation, s'était cependant encore cru obligé, en commençant, d'en nommer un certain nombre qui n'était pas selon ses vues secrètes et les changemens qu'il méditait.

Il ne voulait point perpétuer le souvenir de leurs noms, de leurs services, des époques auxquelles leur activité politique avait été liée : ne voulant point, d'un autre côté, laisser voir trop ouvertement ses arrière-pensées, il avait, par un reste de ménagement et d'égards, laissé toutes les pairies en état officiellement viager, mais qui n'aurait pas désigné d'avance, et à coup sûr, les pairs dont les enfans devaient être investis, et ceux dont les héritiers devaient être frustrés ?

C'est parce que tout le monde pénétrait la cause de cette réticence, parce que tant de gens, de proche en proche, se sentaient menacés par les vues du gouvernement sur l'avenir, que si peu ont cherché à protéger, que tant d'autres, au contraire, ont précipité ou laissé, du moins, tomber un gouvernement qui avait inquiété, sous le rapport de la fortune, de la sécurité, un si grand nombre d'hommes forts et influens.

Comment, dans la discussion présente, ce simple souvenir, cette seule réflexion ne suffisent-ils pas pour nous éclairer ! remontons plus haut et consultons d'autres expériences.

L'Assemblée constituante fit ou déclara, si l'on veut, une grande révolution; elle en appliqua les principes et créa déjà un grand nombre d'intérêts nouveaux, soit dans l'ordre moral, soit dans l'ordre positif; quand elle se sépara, non-seulement elle n'avait point établi de pouvoir aristocratique capable de maintenir en repos l'institution sociale; mais, par un scrupule que rien ne peut faire approuver, elle avait décrété qu'aucun de ses membres ne serait même rééligible à la législature.

Le mouvement innovateur, que rien n'arrêtait, s'empara de cette chance avec habileté, l'exploita avec promptitude; les hommes furent changés; une révolution nouvelle eut lieu.

La Convention, qui lui succéda, changea encore la face des choses; elle en fit de grandes, de terribles, d'injustes, d'atroces; mais enfin, elle créa une multitude de souvenirs, d'intérêts que tout lui commandait de rendre durables et solides, elle le voulut faiblement : elle créa un conseil des anciens, tirant son pouvoir de la même source, formé des mêmes élémens, semblable dans sa durée à celui des cinq cents, tuteur nominal de la constitution, et qui toutefois rendit, par la suite, un grand service.

La Convention ne tomba pas tout à fait dans la même faute que l'Assemblée constituante ; elle voulut que deux tiers de ses membres fussent, de droit, réélus à la législature ; mais bientôt, par une succession d'élections, ils furent presque tous écartés : l'esprit de changement agit dans un sens contraire à celui des successeurs de l'Assemblée constituante.

Des coups d'état furent nécessaires, des journées violentes arrêtèrent la réaction ; mais au milieu de ces luttes, la crainte de l'anarchie amena le besoin d'une dictature.

La lassitude des troubles et des tumultes populaires avait jeté dans les esprits un désir immodéré de renforcer l'autorité exécutive ; on avait soif d'obéir et d'être gouverné : ce fut le caractère et le malheur de cette époque.

Malheur pour la nation, malheur non moins grand pour le souverain, dont la pensée, isolée dans une atmosphère d'hommages stériles et silencieux, perdit nécessairement de sa force et de sa lumière.

Le vrai zèle fut méconnu, écarté; et ce qui est plus triste, il fut quelquefois puni.

L'ineptie ou la trahison qui produisent si souvent les mêmes effets, sacrifièrent à l'envi les intérêts du gouvernement aux passions présumées du prince, et le précipitèrent dans une gloire fabuleuse et des dangers certains.

Cet état de choses amena de nouvelles et à jamais déplorables révolutions..... Le 31 mars.... *Excidat illa dies œvo.*

Toutes ces viscissitudes qui, racontées en détail, sembleraient l'histoire de plusieurs siècles, sont l'expérience personnelle de la plupart de ceux qui me lisent. Cette expérience sera-t-elle perdue pour tant d'esprits éclairés qui sont si capables d'ajouter aux faits de lumineuses réflexions?

Ne sentira-t-on pas la nécessité de fixer cette roue si rapide dont le mouvement a brisé tant d'existences regrettables, et de fonder enfin la stabilité de l'état sur des institutions recommandées par l'expérience, et dont le développement a été jusqu'ici étouffé parmi nous par des préventions aveugles ou des vues perfides.

Veut-on que, d'ici à deux ans, le mouvement innovateur renverse le monarque, ou que le monarque soit obligé de ressaisir la dictature ; alternative menaçante et odieuse pour tous les bons citoyens, mais que les factieux de toute espèce prévoient avec une affreuse espérance.

Je sais tout ce qu'on peut dire, et je sais mieux encore ce qu'on ne dit pas, et ce que pensent en secret ceux qui méditent de nouveaux bouleversemens ou le retour des choses anciennes ; ceux-là ne veulent pas que la porte soit fermée aux révolutions ; opposés en tout le reste, ils s'accordent en ce point d'empêcher par toute sorte d'efforts et de sophismes la fondation d'un ordre de choses durable et garanti par sa propre force.

Cependant, le devoir d'un bon esprit et d'un bon citoyen, ce n'est ni de favoriser le retour des institutions détruites et remplacées, ni d'appeler des nouveautés douteuses et incertaines dans leurs effets.

L'homme sage ne se passionne que pour la vertu, pour la patrie ; il n'a ni enthousiasme personnel, ni superstition politique ; il voit que toute révolution expose et ruine l'état : le gouvernement qui existe, même imparfait, même mauvais, est son point de ralliement ; il répondrait au besoin comme cette vieille femme, célèbre dans les anecdoctes de l'antiquité, qui disait au jeune Denys, étonné de ce qu'elle faisait des vœux pour lui : « Je suis née sous un mauvais » prince ; je faisais, avec toute la ville de » Syracuse, des vœux pour que les dieux » nous l'ôtassent ; il est mort, et son suc- » cesseur a valu moins que lui ; nous avons » désiré qu'il mourût aussi ; ton père est » venu, qui a été plus méchant ; les dieux » nous ont encore exaucé et tu l'as remplacé ; » mais quoique tu sois encore plus méchant » que lui, corrigée par l'expérience, je fais » des vœux pour toi, de peur que ton suc- » cesseur ne soit pire que toi. »

Cette femme était devenue sage, et son exemple est toujours un principe bon à imiter. Il est toujours non-seulement plus loyal, mais plus expédient de corriger, d'éclairer le gouvernement qui existe, par des conseils, que de le miner par des trames, et d'attendre son salut d'une révolution.

Signalons donc les arrière-pensées, ou qu'elles se cachent ; mettons le doigt dans la plaie, et ne nous embarrassons pas que le malade crie.

Une foule d'intérêts nouveaux existent depuis vingt-cinq ans ; ils sont tellement forts et ont des racines si profondes, que celui qui les menace doit périr infailliblement ; mais il compromet, en attendant, l'état et les particuliers. Mettons ces intérêts en mesure de se défendre eux-mêmes.

Il ne suffit pas que les principes soient consacrés dans une constitution écrite, il faut encore que les intérêts soient en jeu et protégés : c'est ce qui nourrit l'affection et le zèle, par qui seuls les institutions sont défendues.

Allons donc au fait, sans rien déguiser ; ne faisons les hommes ni plus mauvais, ni meilleurs qu'ils sont.

Le mensonge est usé, les finesses sont décréditées, tous les yeux voient, toutes les oreilles entendent ; on n'obtiendra désormais quelque confiance, quelque succès, qu'avec la vérité et la franchise ; la vérité plaît à ceux mêmes qu'elle choque ; la franchise se fait estimer de ceux qu'elle désole. Celui qui cache sa pensée, qui marche à son but par des sentiers détournés, ne trouve que des précipices.

Cette lettre est déjà longue : je renvoie à une cinquième et dernière lettre mes propositions et mon plan ; il me semble que je n'ai pas laissé que de déblayer et de préparer le terrain sur lequel je me propose de bâtir.

V^e. et dernière LETTRE

De Lucius Verus *à l'Aristarque Français.*

Autant qu'il a été en moi, j'ai prouvé :

Que dans une constitution libre et monarchique, une Chambre des pairs était nécessaire ;

Qu'elle devait être héréditaire ;

Que le nombre des pairs devait être illimité ;

Qu'ils devaient être nommés par le Prince.

De ces quatre principes politiques, le premier est universellement avoué et n'a pas eu besoin d'une grande discussion.

Le second a pour lui la majeure et la plus saine partie des publicistes, l'exemple de Rome, de la Grande-Bretagne, etc.

Toutefois à Rome les hommes consulaires nés plébéiens jouissaient tout le reste de leur vie du droit de séance au sénat, et ne transmettaient pas ce droit à leurs enfans.

En Angleterre, il y a des pairs qui le sont par charge, et qui ne transmettent pas de droit la pairie à leurs hoirs, entre autres les lords spirituels, *quoique les évêques anglicans puissent être mariés.*

Si l'on craint la corruption de la Cour consistante à faire pair héréditaire un pair viager, qui ne voit que c'est une crainte chimérique ?

Puisqu'on laisse au prince le droit illimité de faire des pairs, il est égal et économique en tout sens que, pour avoir une voix de plus, il fasse héréditaire un des pairs à vie existans dans la Chambre plutôt que d'y introduire un nouveau pair.

La troisième question touche à la seconde par ce point, que la faculté de faire héréditaire un pair viager, équivaut à la nomination d'un nouveau pair, et rentre dans la quatrième par cette considération, que le prince étant électeur doit pouvoir en appeler sans cesse à lui-même pour renouveler la majorité. Tout ce qu'il suffit d'en résumer ici, c'est que la première formation paraîtra raisonnable en la fixant à deux cents membres, sans préjudice des droits ultérieurs du prince.

C'est la quatrième question qui conduit au point de vue d'exception et à la circonstance unique de la nomination nécessairement simultanée d'une si nombreuse pairie ; cette responsabilité morale, dont l'occasion ne doit plus se reproduire, ce cas extraordinaire et qui ne tire à aucune conséquence, ne doit-il pas inspirer au prince même le désir de voir, pour cette fois seulement, sortir un grand nombre de choix d'une autre source que son autorité censoriale ?

Voici en quoi consiste à mon sens cet intérêt du prince : il faut que la nation *adopte* la pairie ; qu'elle lui donne un assentiment de cœur, d'affection ou plutôt d'un intérêt senti : si elle ne réchauffe pas ainsi dans son sein cette institution naissante, elle avortera; elle n'aura jamais longévité. Pour que la nation l'adopte, il faut qu'elle en regarde le choix comme le meilleur possible, dans le double sens de sa dignité et de ses intérêts.

Or, si le prince nomme tout et tout à la fois, comme il n'est pas possible qu'il ne s'introduise quelques choix faibles, quelques choix de faveur, ils feront calomnier le reste : on aura pour suspecte la majorité, toujours inconnue personnellement à chaque citoyen pris à part. — Les mécontens, par système ou de bonne foi, diront que le choix aurait été meilleur fait par d'autres électeurs. Les partisans du prince éprouveront de la difficulté à réfuter ces assertions, parce qu'un point de comparaison avec le choix du prince leur manquera ; cette objection sans réponse dans l'opinion publique, est mortelle dans un choix général et à l'origne d'une institution.

Dans ce cas d'exception suffisamment caractérisé, je propose que le nombre de deux cents pairs, qui paraît être le *minimum* convenable de la première composition, soit réparti, par égale portion, entre l'élection du prince et celle du peuple.

La nation voyant cent choix d'un côté, cent choix de l'autre, pourra les comparer ; elle es rassurera, elle s'éclairera par cette comparaison, et cette seule considération influera très-heureusement et sur le choix du priuce ei sur celui du peuple.

Un moyen s'offre à cet effet : une assemblée se présente dont les opérations et les attributions ne tirent à aucune conséquence pour l'avenir, puisque son existence même est exceptive et extraordinaire, et ne doit plus se reproduire.

Je veux parler de l'assemblée du Champ de Mai, de la réunion unique de tous les électeurs de l'empire : on a observé avec blâme que cette assemblée n'aurait rien à faire qui fût digne de son importance ; certes, si on adopte ma proposition, elle sera appelée à la plus grande, à la plus capitale opération, à faire un grand choix national, et à assurer la bonté du choix du prince.

Autour de celui-ci s'agiteront moins d'intrigans, de courtisans et de serviteurs personnels, toujours plus ou moins odieux au peuple pour surprendre son choix, s'il doit être comparé à celui du peuple même.

Je ne donne au prince d'autre règle pour les choix qui le regardent, que ce frein moral de l'opinion qui discutera et comparera ces choix de part et d'autre.

Je propose, pour le choix du peuple, pour que son *intérêt* l'emporte sur son caprice ou sa faveur, des règles qui ne le gênent pas, mais qui l'empêchent aussi d'être entraîné dans les chemins tortueux de l'intrigue ou de la faction.

Rappelons ici ce que je crois avoir établi, et qu'il importe de ne pas perdre de vue; c'est que l'intérêt surtout et les intérêts de tout genre doivent être consultés; qu'au sortir d'une grande révolution qui en a tant créé ou déplacé, les institutions doivent tendre à consolider ces créations, à fixer ces changemens;

Que l'inconvénient de la succession continuelle des individus est d'amener le changement des intérêts, bientôt celui des principes et des maximes de gouvernement ; et, par une suite nécessaire, le bouleversement de l'état, ce que nous avons vu à plusieurs reprises depuis vingt-cinq ans ;

Qu'il importe donc de fonder sérieusement des familles, des noms, des existences, des magistratures durables dans les mêmes intérêts, dans les mêmes souvenirs et par conséquent héréditaires ; d'établir un patriciat enfin, qui représente et protège ces intérêts en les continuant, en les empêchant d'être remplacés par d'autres intérêts, et surtout par des intérêts contraires.

Il est évident que si on ne met rien à la place, vacante dans l'opinion, de l'ancienne aristocratie ; si on ne substitue pas à son ombre, une réalité ; si une institution positive ne neutralise pas l'effet de ses souvenirs, ils se reproduiront sans cesse avec leurs vieilles prétentions ; on leur aura laissé le champ libre : leurs attributs purement moraux prendront une influence réelle dans les effets, parce que vous n'aurez pas opposé une magistrature positive et actuelle à ces traditions historiques ; ainsi vous livrerez l'opinion à une éternelle fluctuation et à des tentations renaissantes que rien n'aura découragées.

Toutes ces considérations, sur lesquelles, dans un sujet moins important, il serait inexcusable de revenir si souvent, m'ont indiqué l'espèce de candidature dans laquelle je propose de circonscrire le choix du peuple, en même temps qu'elles m'ont inspiré l'idée de ce choix.

Les sentimens, les intérêts se manifestent, les services se rendent, les affections se témoignent de deux manières : par des actions ou par des paroles (1).

Ceux qui ont fondé leurs titres au patriciat, principalement sur des actions, soit faits de guerre, soit fonctions administratives, diplomatiques, etc., etc., ceux-là sont du ressort du pouvoir exécutif, du monarque ; c'est lui qui a la tradition de leurs services ; c'est lui qui est naturellement chargé de les récompenser, soit dans la personne de ceux qui les ont rendus, soit dans celle de leurs enfans ; c'est donc au choix du prince que je confie ce genre de candidature, sans lui prescrire d'autres règles que celles que les convenances et son propre intérêt ne lui permettront pas de négliger ; tous ces services, tous ces mérites, il est dans son devoir de les récompenser ; il est dans ses attributions de le pouvoir.

Il est une autre manière, non plus utile sans doute, mais aussi éclatante (et ici c'est un point considérable) ; il est, dis-je, une autre manière d'avoir lié son nom et son existence aux intérêts nouveaux ; c'est d'avoir, par des professions de foi, solennelles, publiques, fait scission avec les anciennes maximes, les anciennes prétentions ; quand ces circonstances ont été accompagnées de quelque talent ou de quelque danger, on a marqué sa place et dans la reconnaissance de la nation nouvelle et dans la haine de ses ennemis ; on a des titres réels, un droit incontestable, indépendant de la faveur du prince à une existence honorable, à une sécurité complète, à une vieillesse protégée, à un repos qui ne soit pas sans dignité. Ces noms, que tout le monde a lus dans les papiers publics, sont devenus un ralliement, et désignent des opinions. Si ces opinions, si ces noms peuvent être proscrits, comme nous l'avons vu, l'état nouveau est menacé : c'est à quoi il faut pourvoir en donnant des garanties à tous ces noms, à tous ces services, par la situation où l'on placera les principaux, les chefs de file dont la situation fait la sécurité ou la crainte de tout le reste.

Depuis vingt-cinq ans nous avons eu un grand nombre d'assemblées nationales, dans lesquelles il y a eu beaucoup d'alliage, sans doute, mais dans lesquelles aussi on a vu passer tout ce que la France actuelle a de distingué (les militaires exceptés et les ambassadeurs, dont la récompense appartient au prince, et dont plusieurs ont fait partie de ces corps).

Tout ce qui prend part aux nouveaux intérêts de la France a signalé, dans ces grandes réunions, ses amis et ses ennemis, ceux dont l'élévation les rassure ou les inquiète. Je veux que la nation les écarte ou les appelle aujourd'hui, selon ces mêmes intérêts dont elle les regarde comme solidaires ou ennemis.

Ainsi j'établis la candidature nécessaire pour le choix du peuple sur la totalité des membres existans, ou des héritiers directs des citoyens qui ont appartenu :

A l'Assemblée constituante,
A l'Assemblée législative,
A la Convention nationale,

Au Conseil des cinq cents,
A celui des anciens,
Au Tribunat,
Au Corps législatif,
Au Sénat,
A la Cour de cassation,
A la Cour des comptes.

Comme beaucoup de citoyens ont appartenu à plusieurs de ces assemblées, je ne pense pas que la totalité forme une candidature de plus de deux mille individus ; elle serait de trois ou de quatre mille, que cette circonstance serait très-indifférente.

Ces listes seront imprimées avec exactitude, et seront distribuées à tous les électeurs assemblés en Champ de Mai. Sur ces listes ils choisiront pour former eux-mêmes celles dont le dépouillement devra servir à la nomination des cents pairies dont j'établis que le prince doit aujourd'hui céder le choix au peuple.

Ici, je m'arrête encore et vais faire une nouvelle proposition ; je la crois conforme à tous les intérêts, à tous les principes ; elle me semble même assez heureusement combinée et conçue ; elle s'appliquera aux deux cents pairies qui feront le noyau, la racine de la Chambre des pairs. Je présente d'abord le dispositif ; j'indiquerai ensuite les avantages et les considérations qui doivent le faire adopter.

A la suite de chacune de ces deux cents pairies fondamentales, je joins un tableau de deux ou trois autres familles qui, par une *fiction* de la loi, ne formeront avec cette première qu'une seule et même famille, dans laquelle la pairie sera transmissible par une substitution graduelle de mâle en mâle, dans les lignes directes des trois ou quatre chefs de famille inscrits sur le tableau de la manière suivante :

Exemple.

Tableau de la première Pairie.

N°. 1. Individu en jouissance........ *Pierre* A. pour lui et pour sa famille, par ordre de primogéniture de mâle en mâle dans la ligne directe.

N°. 2. Individu premier subrogé... *Charles* B. pour lui et ses hoirs en ligne directe, venant à manquer celle de Pierre A.

N°. 3. Individu second subrogé... *Philippe* C. pour lui et ses descendans en ligne directe, défaillant celle de Charles B.

N°. 4. Individu troisième subrogé. *Frédéric* D. pour lui et sa ligne directe, à défaut de celle de Philippe C.

En plaçant quatre individus, quatre noms sur le tableau de chaque pairie, les cent à la nomination des électeurs réunis en Champ de Mai, donneront lieu à une liste formée par chacun de ces électeurs de quatre cents noms pris parmi les deux ou trois mille que leur fourniront les listes des assemblées que nous avons rappelées. Ces listes de quatre cents noms chacune seront dépouillées, et les cent noms qui auront la pluralité relative des suffrages, seront attachés au premier numéro de chaque tableau.

Les cent qui, après ces cent premiers, auront le plus de voix, seront attachés au n°. 2.

Les cent qui viendront ensuite, au n°. 3.

Et les cent autres au 4°. n°., si on en admet ce nombre.

Le prince fera la même chose de son côté, après avoir nommé les cent titulaires des cent pairies fondamentales à sa nomination, il nommera, comme ci-dessus, cent subrogés en première ligne, cent en deuxième et cent en troisième, si l'on adopte ce nombre.

Les tableaux de subrogation n'auront lieu pour aucune autre pairie que les deux cents *pairies fondamentales*; toutes celles que le prince nommera à l'avenir, selon son droit illimité, ne seront que sur une seule tête et transmissibles à une seule lignée, ainsi que le statue l'acte additionnel.

Les deux cents pairies originelles et fondamentales seront remplacées, et les tableaux complétés ainsi qu'il suit :

Venant à s'éteindre une des familles attachées à chaque pairie, si c'est la famille jouissante, le chef de la 2ᵉ. la remplacera, celle du 3ᵉ. numéro passera au 2ᵉ, celle du 4ᵉ au 3ᵉ., et cette dernière sera remplacée par un membre de la légion d'honneur, seule noblesse personnelle et positive, officiellement reconnue et candidature nécessaire pour passer dans le patriciat formé par les huit cents familles inscrites sur les deux cents tableaux.

Pareillement, quand le prince nommera d'emblée à une des pairies qui ne sont pas du nombre des deux cents fondamentales, il sera obligé de prendre un membre de la légion d'honneur : l'obligation n'est pas bien gênante, puisqu'il confère lui-même cette décoration, et qu'il peut la conférer la veille ; mais cette condition maintient un principe et forme un lien utile des gradations politiques et bien entendues.

Nous avons dit et répété que, pour étayer une monarchie héréditaire, il fallait que le grand pouvoir aristocratique le fût aussi ; sans cette condition, insuffisant pour soutenir le pouvoir monarchique avec lequel il n'aurait pas assez d'analogie, le pouvoir aristocratique serait aussi trop faible pour se soutenir lui-même : il faut que le corps aristocratique soit tellement constitué, que, d'un côté, il se rapproche du trône par sa force, et de l'autre, du peuple, par son nombre.

De même que la démocratie doit toujours tendre à se resserrer de peur de dégénérer en une ochlocratie tumultueuse, de même l'aristocratie doit toujours tendre à se dilater, à se recruter, sans quoi elle se réduit bientôt à une olygarchie qui n'a plus assez de force pour se soutenir contre la jalousie qu'elle excite.

Tous les membres doivent être aussi unis entr'eux par des liens communs (2).

Rien ne pouvait être plus absurde au monde que les règlemens qui, autrefois, exigeaient la noblesse pour entrer au service, ou dans les cours supérieures : exiger des preuves de noblesse pour des états qui devaient naturellement recruter la noblesse, c'était tourner ridiculement dans un cercle vicieux, et se faire mal à propos beaucoup d'ennemis.

L'aristocratie que je propose d'organiser n'en aura point. Sa base sera assez large, assez accessible, sa pente assez douce pour plaire à tous, pour ne rebuter personne.

Deux cents pairs (je ne compte pour le moment que les pairies fondamentales) seront suivis immédiatement de leurs familles, puis des familles subrogées, et ces familles subrogées de tous les membres de la légion d'honneur.

C'est en tout temps huit cents familles, et plus de dix mille individus, d'un peu plus près ou d'un peu plus loin attachés et intéressés au corps aristocratique ; c'est une base qui le soutient, qui le sauve d'un isolement dangereux, situation où se trouveraient deux cents familles qui ne tiendraient à aucune autre, et qui seraient en butte à l'envie de toutes.

A Rome, c'était dans les chevaliers ou les patriciens originairement issus de sénateurs, qu'on choisissait pour compléter le Sénat, et quand Tarquin l'ancien voulut placer des étrangers illustres dans le Sénat, comme il y avait été reçu lui-même par Ancus Marcius, il les fit d'abord chevaliers et patriciens ; les censeurs firent après lui la même chose.

A Venise, pour être sénateur, il fallait d'abord avoir été inscrit sur le livre d'or.

Toutes ces précautions sont observées dans mes propositions, et il me semble que je crée assez d'intérêts en faveur de l'aristocratie, et que je supplée suffisamment à l'aridité et à la sécheresse des articles additionnels, ou du moins à leur extrême réserve, qui a donné naissance à tant de critiques, et au besoin de tant d'explications et de développemens.

Une considération encore n'est pas sans importance, c'est que les familles subrogées parvenant à la pairie par un droit acquis et un ordre préexistant, fourniront des pairs d'autant plus indépendans du monarque et de la cour, ce qui n'ajoute pas peu de dignité à la pairie.

J'ai indiqué ma pensée sur l'organisation de la pairie, en principe, sur sa formation première ; dans la circonstance présente, un grand article reste à traiter, celui des dotations. Je crois avoir aussi quelques idées heureuses sur cette partie pour la mettre en harmonie avec mon système de protection de tous les interêts corporels et incorporels créés par la révolution. Mais je dois désirer d'abord de savoir comment le Public, le Corps Législatif qui va s'assembler, et les Électeurs réunis au Champ de Mai, auront accueilli les vues que je leur présente, et que je ne crois pas indignes de leurs méditations.

J'ai l'honneur d'être, Monsieur, etc.

LUCIUS VERUS.

---

(1) *Pulchrum est bene facere reipublicæ, bene dicere haud absurdum est.*   SALLUSTE.

(2) C'est le sentiment de Filangieri ; voici ses maximes :

L'aristocratie s'affaiblit et se corrompt à mesure que le nombre des membres qui la composent diminue ; les familles aristocratiques doivent être peuple, autant qu'il est possible : la meilleure aristocratie est celle qui se rapproche le plus de la démocratie. — Le temps, en détruisant les familles patriciennes, détruit aussi l'aristocratie ; il faut des lois qui suppléent à cette perte et préviennent ces maux.

(*Science de la Législation*, chap. 10.)

www.ingramcontent.com/pod-product-compliance
Lightning Source LLC
LaVergne TN
LVHW051506090426
835512LV00010B/2379